Susanne Riha

Das kleine Murmeltier

Annette Betz Verlag

Das kleine Murmeltier ist
fleißig.
Es gräbt eine unterirdische
Wohnung.

Von den drei Tannen bis zum Bach.

Vom Bach bis unter den großen Huflattich.

Der Schneehase schaut
dem kleinen Murmeltier
neugierig zu.

Hinter einem Felsen kommt
die Gemse hervor
und begrüßt das kleine
Murmeltier.

Während das kleine Murmeltier arbeitet, spielen seine Brüder auf der Wiese.

Dann dösen sie faul in der Sonne.

Plötzlich spitzt das kleine Murmeltier die Ohren.

Es klettert rasch auf den
nächsten Stein und
stößt schrille Warnpfiffe aus.

Aufgeregt kommen seine Brüder gelaufen.

Blitzschnell verschwinden alle drei in der unterirdischen Wohnung.

Da donnern Felsbrocken vom
Berg herunter –
das kleine Murmeltier hat sich
und seine Brüder gerettet.

CIP-Kurztitelaufnahme der Deutschen Bibliothek
Riha, Susanne:
Das kleine Murmeltier / Susanne Riha. – Wien;
München: Betz, 1988
ISBN 3-219-10433-9

B 482/1

Umschlag, Illustrationen und Layout von Susanne Riha

Printed in Belgium